© Las cosas que nunca dije...
(O SÍ DIJE, PERO NO FUI TAN CLARA)

Autora: Indhyra S. Ortiz Ortiz
@cultaeinculta

Editora en Jefe: Andrea Vivas Ross

Directora de Arte: Raquel Colmenares Ross
de Become Creative Studio *@become_studio*

Diseño Gráfico: Raquel Colmenares Ross

Corrección de texto: Andrea Vivas Ross

Asistencia de corrección: Victoria Ortega / Iván Chacín

Ilustraciones: Cristhian Sanabria *@chrissbraund*

Casa Editorial: Paquidermo Libros *@paquidermolibros*
(paquidermolibros@gmail.com)

Primera Edición: marzo, 2023.

Puerto Rico / EE.UU.

ISBN: 979-8-9871744-1-8

Las cosas
QUE NUNCA DIJE...
(O SÍ DIJE, PERO NO FUI TAN CLARA)

Indhyra S. Ortiz Ortiz

QUE ME LEES...

De esas cosas que realizo por amor al arte, así puedo describir este libro. Uno lleno de múltiples emociones, lleno de amor, de pasión, de humanidad. Soy amante de la ternura de saberse humano. Es por eso que dedico este libro a mis padres, a mis hijos y al amor. Ellos me enseñaron la magia de ser vulnerable. De entender que no todo tiene control. Que puedo ser hija, madre, amante, hermana, amiga, mentora, inspiración, sensualidad, fuerza, erotismo, valor, entusiasmo, nostalgia, llanto, risas; puedo ser todo lo que desee ser y no dejaría de ser yo misma.

Cuántas veces en la vida dejamos pasar momentos hermosos donde el orgullo nos arropa. El ego que no es más que un miedo inmenso a perder el control ante situaciones en las que ni estamos cerca de tenerlo, y eso nos limita.

Este libro está escrito por un ser humano con una vida tan sencilla. Al dejar fluir mis letras no busco llenar tu mente de ideas, solo intento compartir un poder que me fue entregado al nacer y que descubrí en mi vida adulta. El poder del amor. Por eso, te compartiré experiencias, pensamientos, ideas que emanan desde el fondo de mi ser, ante oportunidades y emociones —muchas veces— mal gestionadas, en las que por mucho tiempo dejé pasar instantes tan valiosos e importantes... Y sí, hubo cosas que nunca dije. Y quizás hubo cosas que sí dije, sin embargo, por la forma en que lo hice es como si jamás las hubiera dicho.

Existen hilos invisibles que nos conectan con quienes tenemos cerca y con las emociones más sublimes. Esos hilos rigen el curso espiritual y nos van llevando; unos son muy fuertes, creando cordones con dobleces en el alma, otros más delicados, dejando huellas en las costuras de nuestro corazón.

*De esta forma, podría definir **Las cosas que nunca dije...** como un gran hilo que ha venido a conectarme con una parte eterna de mi ser.*

Este mismo hilo me conectará con tus emociones, y las tuyas con las mías, querido lector. Un mismo hilo puede conectarte con quien amas, demostrando que la conexión es infinita. Por eso agradezco que este hilo me conecte con aquellos a los que pude haberles dicho más y no lo hice.

Existen hilos que se deben cortar, no temas tomar tijeras. Como también hay hilos que se deben anudar con mucha fuerza al corazón. Las palabras son hilos mágicos que transmiten lo que las ideas transforman en emociones, en sentimientos, concretando el nacimiento de nuevas historias.

Acá encontrarás una suerte de antología compuesta por todo tipo de escritos hechos a lo largo de un proceso que me ha enseñado a ser una mejor versión de mí cada día. Manifiesto mi humanidad, la cual he llegado a amar y mirar con el amor y convicción con la que el Todopoderoso me mira; con la ternura y protección con la que mi padre terrenal me miraba; con la fuerza y valentía con la que mi madre me mira, y con el cariño y respeto con el que Pipo me mira. Con el inmenso amor y orgullo con el que mis hijos me miran; con la estima con la que me miran mis hermanos; con la tenacidad y vigor con el que mis amigos me miran y con la admiración con la que mis sobrinos me miran. Todos ustedes han sido mis maestros en mi vida. También he vivido experiencias poco gratas, pero que me han otorgado un brillo especial, salido de sus propias almas para inundarme de amor. GRACIAS, esto también es para ustedes.

Esas palabras que nunca dije las plasmaré con amor en cada página de este libro. Y después de plasmarlas, si tengo la oportunidad y vida, y el Todopoderoso me regala el tiempo, prometo vivir con mayor fuerza ejecutando una nueva historia cada día. Donde haya muchas cosas por hacer, más que por decir. No intento volver atrás, sin embargo, me regalo y te regalo a ti la oportunidad de páginas vacías —al final del libro— para quemar viejas creencias y crear nuevas vivencias de amor, de fe, de armonía y autocuidados.

Ese será mi obsequio para ti.

Con amor, Indhyra.

Regálate unas palabras
ANTES DE COMENZAR

_____

_____

_____

_____

_____

_____

_____

_____

_____

_____

_____

_____

_____

_____

_____

_____

_____

_____

_____

De ti... para ti _____

Un mensaje para
EL TODOPODEROSO

Gracias Padre Celestial,
he tenido mucho más de lo que había imaginado.

He sido supremamente bendecida,
más aún, en los días donde tal vez consideré que no despertaría.

Me has enseñado lo valioso que es nuestro paso por este mundo,
que en primera instancia parece caótico y desgarrador,
ese que todos, alguna vez, llegamos a cuestionar.

Gracias por permitirme abrazar a mi padre hasta el final.

Gracias por deleitarme con la fuerza de mi madre.

Gracias por regalarme hijos maravillosos.

A ti, Padre, te lo he dicho todo, te lo he compartido todo.

Aunque puedes ver todo.

En tus manos estoy y no me siento arrepentida,
al contrario, no podría sentirme más agradecida.

En ti confío y en ti están puestos todos mis proyectos.

Solo te pido que si algún día pareciera que me pierdo,
vengas a mi rescate.

Porque, con sinceridad, nadie me ha hecho sentir como Tú.

Nadie me ha amado como Tú.

Y únicamente en ti es donde puedo sentirme plena, llena y valorada en su totalidad.

Gracias, Padre Celestial.

#
DE MI VIDA

Gracias pa.

Gracias por hacer de mí el mejor ser humano posible.

Gracias por enseñarme a soltar, sobre todo, lo que más daña al hombre: el rencor.

Gracias por la belleza de tu ser.

Gracias por los abrazos cálidos.

Gracias por las enseñanzas más complejas, y quizá, dolorosas.

Gracias por ser esa imagen sabia de una vida en amor.

Gracias por la magia del perdón.

Tú serás eterno porque los seres humanos de élite, clase A, cinco estrellas, no abundan. Estos son la representación del amor de Dios en la tierra y marcan la vida de cualquiera que tocan.

Pa, eres el mejor.

with love

Escríbele una carta
A TU MENTOR MÁS PRECIADO

_____

_____

_____

_____

_____

_____

_____

_____

_____

_____

_____

_____

_____

_____

_____

_____

_____

_____

_____

GUÍA

Eres única.

Tu energía es incesante.

Vuelas aún detenida.

Comprendes los misterios, ves más allá.

Eres fuerte, muy fuerte.

No conoces el rendirse.

El fuego camina contigo, por eso eres tan cálida.

Tu mirada es la más intensa; tu risa es mágica, irradias alegría.

Me regalaste el don de la intuición.

Me diste la fuerza de una heroína.

Me conectaste con todo lo intangible.

Me honraste con tu fertilidad.

Me hiciste una mujer visionaria.

Has sido mi guía *express* y mi brújula instantánea.

Graciosa y audaz.

Demasiado tenaz.

Gracias, mami.

El tiempo
NO PERDONA

Que no se te pase la vida buscando.

Que no se te vaya el tiempo pensándolo.

El tiempo no perdona, pasa y no pide permiso.

¿Cuándo es el momento preciso?

Es ahora.

Vive los días intentándolo, una y otra vez.

Es así como se le da batalla al tiempo.

¿Tarde?

Justo cuando el mundo se derrumbaba, llegaste. Tres de la madrugada y, de manera espontánea, marcaste mi vida. Entre conversación y conversación, descubrí que existen almas gemelas. Nunca hubiera pensado que en un niño habría tanta sabiduría. Quedé marcada por las enseñanzas de un corazón joven, atraída, sumergida. Cada palabra tenía la magia de hacerme creer otra vez, no hay imposible.

Hoy se cree que para amar hacen falta maravillas, olvidan que el amor es simple, es delicado, va de detalles y mientras más pequeños, más gigantes en el corazón. Así te vi... como un pequeño gigante que tenía la capacidad de moverme tan solo con una sonrisa. "Amar es para valientes", se dice, pero ¿qué pasa cuando, a pesar de tener toda la intención de amar, el corazón tiene tanto miedo que no logra abrirse y confiar? ¿Será que ya es demasiado tarde?

He oído que, a veces, se cruza con la persona perfecta en el tiempo incorrecto, pero soy más creyente de que las cosas suceden en el momento correcto. Te vi perfecto, te sentí perfecto. Con esa mirada clavada, durante la madrugada, mi ser temblaba, se tambaleaba y no por miedo, sino por la vulnerabilidad de volver a sentir con tanta intensidad. Unas manos cálidas y fuertes, una sonrisa hermosa, la más hermosa que mis ojos hayan visto, una mirada tan profunda que me desnudaba el alma, y todo sucedía, al parecer, tarde.

¿Quién nos prepara para unos besos tan sinceros? ¿Quién nos prepara para recibir la honestidad de un corazón roto, deseoso de amar como nunca le han amado? Nadie. Nadie nos explica y eso nos toma por sorpresa llevándonos contra la pared, es así como puedo describir tu llegada impetuosa que transformó mi vida y le dio un cambio de gris a color, para quererlo todo contigo. Tú has frenado la fuerza de mil hombres juntos, haciéndome temblar de alegría. Llevándome a ese punto exacto donde es imposible querer retornar. Cada mañana desearía mirarte más y más, y decirte gracias. Agradezco a quienes no tuvieron la valentía de sostener un gran amor porque esas decisiones te han traído a mí.

Amor, me pregunto si aún es tarde, si es tarde para nosotros, para nuestra historia, para nuestra vida. Tarde es cuando la vida acaba, cuando ya no hay nada que hacer, pero jamás es tarde para amar, para darse, para sonreír, para casi morir en los brazos de quien se ama. Nunca es tarde para deleitarnos en el agua de nuestro ser, para rugir con la furia de nuestro instinto. Nunca es tarde para temblar de alegría; nunca es tarde para brillar con la luz de nuestras sonrisas; nunca es tarde cuando hay ganas, cuando hay amor.

Las cosas que nunca dije

CONOCÍ

Me parecías lejano, me parecías imposible.

Creí, por mucho tiempo, que jamás llegarías.

Quizá cometí errores al tenerte, pues la incredulidad
suele ser el enemigo de la confianza.

Llegaste sin previo aviso, arrasando con todos mis estilos
y reglas pautadas.

"Un igual", solía desear.

Y allí estabas tú... como pintado, con la sonrisa más hermosa
de todas.

Dándome lecciones ante la vida, ante el tiempo, ante los números,
esos que llamamos edad.

Recordándome por qué mis ideales y mis creencias son tan
sólidas.

Yo te conocí y me conocí mejor, volví a mí, a la dulzura,
a la ternura y recordé lo bello que es lanzarse al vacío sabiendo
que tendrás un lugar seguro donde aterrizar.

Te conocí para recordar por qué debía seguir mis instintos
y seguir la senda hacia mis sueños.

Te conocí con el fin de amarte tanto como nunca antes
te habían amado.

Tanto como para dejarte ir.

Las cosas
QUE NUNCA DIJE

Que muchas palabras dejé pasar, que mucho dejé de expresar.

Que mucho dejé de hacer.

Todo por el miedo al rechazo, por el terror a parecer tonta
y creer en el sistema de esta época.

Que mucho tiempo perdí intentando mostrarles a otros el camino.

No era yo quien tenía esa encomienda, aunque quizá sí la misión
de inspirar, mas la vida nos va enseñando el camino a seguir.

Solo tenemos que estar prestos a entender sus enseñanzas.

Por mucho tiempo amé y no dije lo mucho que amaba.

Por mucho tiempo me dolía y lo callé para no incomodar.

Por mucho tiempo me sentí pequeña, pero no,
esas cosas no se dicen cuando eres el pilar,
qué gran mentira nos han hecho creer.

Tuve miedo y jugué a ser superfuerte, sentí ganas de gritar
y solo mantuve silencio.

Vi el amor pasar frente a mi cara y lo dejé ir por mantenerme
cerca de quienes no me valoraban.

Sentí deseos de abrazar y solo dejé mis brazos caídos.

Me aislé de mis seres queridos para no cargarlos,
ignorando que no existe una mayor red de apoyo.

A mi madre hermosa y femenina, quizá nunca te dije: gracias por tanto, por regalarme esa vitalidad única.

Mi niña interna, que mucho te he descuidado, perdóname.

Mis mágicas princesas, a las que muchas cosas no les dije, sintiéndome la mujer más dichosa por tenerlas, sean como son, con esa fortaleza única que las caracteriza.

Mi adorable príncipe, no sabes el poder que tiene tu sonrisa y tal vez no te dije que eres un niño muy noble.

Al amor, aquel que puede tener muchas caras, muchos nombres, que muchas cosas no te dije...

Ya el tiempo pasó, sin embargo, agradezco a la vida por tu paso.

Son muchas las cosas que nunca dije.

Perdónate

Las cosas que nunca dije

ANTICUADA

Tengo claro que no conecto con lo moderno,
llámenme anticuada por creer en el amor romántico,
ese que es entregado, que es sincero.

Evidentemente el amor de esta época es tan frío,
es tan superficial, que me cuestiono si dichas posturas
son verdaderamente amor.

Difícilmente es amor.

Me basta con amar una sola vez en la vida,
en lugar de besar mil bocas.

Eso del amor moderno me vale; esas teorías de que gane
el más fuerte.

Mientras se te va la vida, duele, te traicionas.

Eso de no sentir, de no mostrarse vulnerable para no asustar al otro,
qué triste, es muy cobarde.

Demasiado minúsculo para mí. Llámenme anticuada.

Prefiero la intensidad del sentimiento que la cobardía detrás del ego.

Que no es más que un miedo inmenso.

Que es la mentira de "ser fuerte".

Háblate bonito...
¿QUÉ TE DIRÁS EN ADELANTE?

_____
_____
_____
_____
_____
_____
_____
_____
_____
_____
_____
_____
_____
_____
_____
_____
_____
_____

CÁLIDOS

Que me bese el mar.

Que me abrace la brisa.

Sí, esos besos del alma, de lo natural.

Prefiero miles de esos,
que uno solo cargado de vanidad.

Amor

Amor... no dejes de recorrer mi ser.

Pues soy más valiente amando que huyendo.

Ese enfrentamiento al dolor no proviene de ti, oh amor,
sino de la peculiaridad de ser humanos.

Ten presente que, en la medida que lo enfrentas,
rompes con los miedos, quiebras el yo.

Y de ahí la libertad de ser.

Amor... no dejes de recorrer todo mi ser.

Una linda
CONFUSIÓN

No podía detenerme.

Lo confundí todo cuando creí.

Me olvidé de un principio básico en el amor,
y es el de amarnos tanto a nosotros mismos,
que no tengamos la necesidad de nadie más, de nada más.

Creí que eras cielo y te di demasiado poder,
hasta que vi todos tus miedos.

Tú no podías parar de mirarme y eso me cautivaba.

Te sentía cerca, muy cerca, hasta que me vi jugando el juego
del círculo vicioso llamado enamoramiento.

Me encantaba hacerte sonrojar y ahí comprendí que podías ver un
poder que poseo a través de mis ojos.

Uno que se convierte en adicción más que en amor.

Y allí estalló la confusión, porque eso que te hacía estar no era
amor, era una linda confusión, una ilusión.

Ilusión que es fuego, es pasión, es autenticidad, es esencia.

Soy solo yo.

Las cosas que nunca dije

 Si te animas
A ENTENDER

Si algún día te surge la interrogante,
siempre recuerda que esa sensación de libertad,
que te atrajo a mí, fue lo que te cautivó.

No soy común, lo sé, tampoco lo pretendo.

Recuerda esto: de todas las cosas que pudiste amar de mí,
la más valiosa fue esa, el saber que sé amar en libertad.

Que supe amarte aun conociendo tu humanidad.

Las cosas que nunca dije

Gratitud

Aprende a dar gracias a quienes te dieron todo
y a quienes nada te dieron.

El honrar el paso de una persona por tu vida
solo habla de la gratitud que habita en ti.

Eso es amor, eso es respeto, eso es vivir.

Primeramente para ti y luego para los demás.

Hay herencias de mucho valor, que vienen incluso
de aquellos a los que les permitiste derrumbarte.

Sí, les permitiste, porque es tu responsabilidad protegerte.

Las personas son lo que les permitimos que sean en nuestras vidas.

Sin embargo, en vez de culpar y culparte, simplemente agradece.

La verdadera

FELICIDAD

Tuve momentos tan desgarradores que jamás volví a ser la misma.

Pero con todos ellos aprendí que, después de una inmensa tristeza, la vida nos regala múltiples razones para ser feliz.

Solo hay que mirar las cosas pequeñas,
allí habita la felicidad verdadera.

Las conversaciones profundas.

La oración.

La mirada de un niño.

La sonrisa de un adulto mayor, cuánta experiencia y paz.

El abrazo cálido de una madre o un padre.

El olor de la lluvia al caer.

La suavidad de una piel.

El calor de un cuerpo.

Las carcajadas entre amigos.

Los colores de un atardecer.

El canto de las aves en la mañana y en la tarde.

Allí está la felicidad...

Cierra tus ojos y mira.

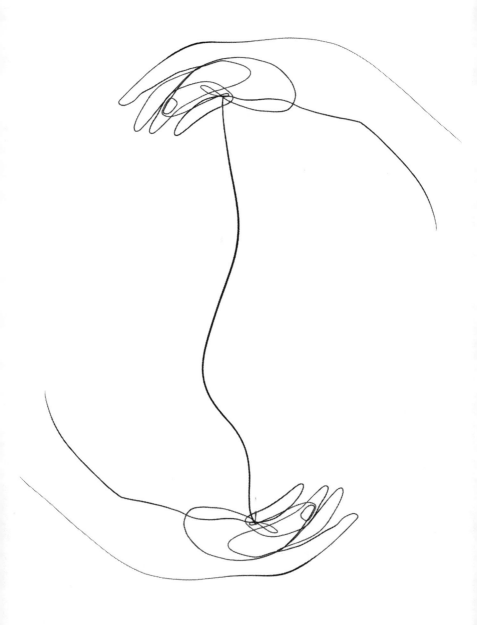

Las cosas que nunca dije

CONSEJO

Sé de primera mano lo triste que es saber que quien juró amarte, no dudó en dejarte, abandonarte y soltarte, incluso cuando más le necesitaste.

No porque lo necesitaras como algo indispensable, sino porque es lo que se espera de quienes nos quieren.

Sin embargo, y por tal razón, mantén tu mirada arriba, hacia el cielo, hacia aquel que jamás te abandonaría aunque renegases de Él.

Te daré como consejo probar, pues Él nunca falla.

Los humanos sí, lo hacemos todo el tiempo sin poder evitarlo.

Pero existe quien jamás lo haría porque no está en los códigos de su naturaleza.

EL PORTAL

Existen situaciones que nos parecen muy desagradables,
pero siempre vienen cargadas de mucha enseñanza.

Cada vez que permitimos que Dios trabaje en nuestro corazón,
abrimos la puerta a muchos retos,
pues todos ellos contienen una salida.

En la medida que confías, más rápido atraviesas el portal.

Nos tocará perder cosas, salir de la zona de confort,
pero es la única forma de valorar la enseñanza.

De no ser por ello, jamás notaríamos el carácter que tenemos
para asumir diversos retos.

Se forja un carácter y solo se adquiere mediante el reto de vivir.

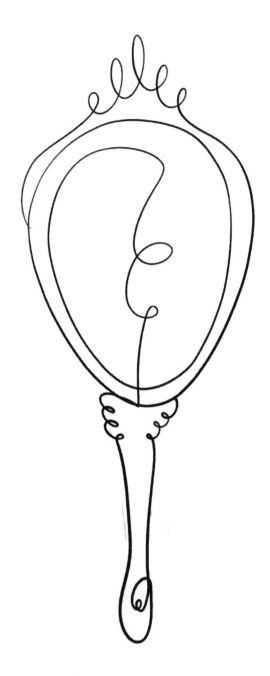

Las cosas que nunca dije

Vanidad

Hay que ser demasiado ingenuo o estar demasiado vacío
para creer que un cuerpo compensará lo que no te dieron
por el valor de tu ser, de tu corazón, de tu amor.

Y peor aún, hay que estar demasiado roto para intentarlo.

Pensar que porque cambias algo en ti y en tu apariencia
borrarás quien eres en esencia.

Quien no valoró la calidad de tu corazón y del ser humano
que eres, no lo hará jamás.

Porque no depende de quién seas tú, depende de quién sea
la otra parte.

Es un pensamiento muy vano, reflejo de la superficialidad
que nos rodea.

Jamás envidiaría una mente vacía por muy bien que luzca
el cuerpo que la sostiene.

Pues me cautivan las mentes y las almas,
jamás la apariencia de nadie.

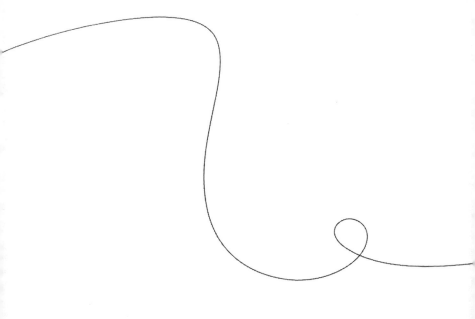

Las cosas que nunca dije

 Vive
PARA VIVIR

El trabajo interno, la gestión personal,
la conexión con lo espiritual,
suelen ser más costosas y, por ende, más valiosas.

Debemos ser más celosos con ello.

Porque la parte sencilla de la vida es tapar las grietas
de las heridas, sin saber que tal remedio trae consigo
peores consecuencias.

Es fácil reemplazar, pero hay cuestiones
que son irreemplazables.

No busques reemplazar, busca honrar la herencia que te deja
el paso de alguien por tu vida.

Todo bendice, todo enseña y todo pasa.

Vive para vivir, deja de sobrevivir.

Las cosas que nunca dije

Palabras

Qué tiernas y amables, qué inmensas y sutiles, qué poderosas
y cálidas.

Me preguntan por qué me relaciono con ustedes
y solo puedo decir que son delicadas e imponentes
transportan alma y vida.

Me hacen sucumbir ante la maravilla de su inmensidad.

No existen mejores aliadas y compañeras que las palabras.

Escribo porque las palabras son mágicas,
escribo porque es la forma certera de transmitir
lo que hay dentro del corazón y de la mente.

Escribo para sentir y para sentirme.

Mediante la escritura me fusiono con lo que amo, creo mundos,
tiempos y espacios.

Vuelo en mares y me sumerjo en cielos; voy y vengo.

Las palabras no juzgan ni hieren, manifiestan lo que se tiene
en el alma.

Amo las palabras porque a través de ellas puedo ser, estar, sentir...
puedo vivir.

Fui

Cuando nadie más estuvo, fui mi mejor compañía.

Me abracé con la fuerza que nadie más lo haría.

Aprendí a decirme palabras hermosas,
a pesar de sentirme deshecha.

Entendí que es imposible esperar que alguien te diga algo
que no sabe, porque existe un lenguaje
que solo se puede entender con el corazón.

Recibí un abrazo del cielo que uniría cada pedazo de mi ser
que otros dejaron roto, ya sea porque así lo eligieron
o porque se los permití.

Fui, soy y seré mi mayor admiradora,
soy quien estará conmigo siempre.

Y al final del camino solo somos dos: Dios y yo.

Seres HUMANOS

Hay tantas almas perdidas sin estar conscientes de su propósito.

Y muchas otras que aun sabiéndolo, permanecen en la nada.

No saben cómo recuperarse de las heridas causadas
por aquellos que son llamados a ser compasivos.

Hablamos de seres humanos.

Imperfectos que fallan todo el tiempo.

Que intentan ser personas fuertes desde la debilidad del ego.

Que reniegan de ser humanos, queriendo ser como máquinas.

No los culpo, es parte de permanecer ciegos e inconscientes.

Solo basta escuchar y despertarás a la vida.

Las cosas que nunca dije

Una mente
INQUIETA

La gente se confunde mucho.

El que permanece lo hace aun no estando.

Me explico: hay personas que deciden tomar otro rumbo,
pero nunca dejarte ir.

Pretenden hacer cosas para "lastimarte", buscar líos
cuando todo está en calma.

Deciden inventar historias en sus mentes con el fin de volver
a lo que extrañan.

La clave para soltar es liberar y liberarte de la codependencia.

Esa que creías que era amor.

El que ama no traiciona, no abandona, no destruye,
solo acepta y asume.

Ser consecuentes es la clave.

Amar es un acto.

No duele, duele el ego cuando perdemos el control
de lo que creemos amar.

El amor únicamente duele cuando decides hacer lo correcto
por encima de tu capricho.

¿Por qué duele? Porque te rompe el ego.

Jamás el corazón.

Una vez comprendí que el rechazo o el abandono no es tan malo.

Es solo una nueva oportunidad.

Cuando alguien nos rechaza, ya sea en el amor,
en un trabajo, en una experiencia,
es solo una nueva oportunidad.

Una nueva oportunidad de vivir otras cosas maravillosas
a las que nos habíamos cerrado.

Mira adentro,
AHÍ SE HALLAN RESPUESTAS

_____

_____

_____

_____

_____

_____

_____

_____

_____

_____

_____

_____

_____

_____

_____

_____

_____

Las cosas que nunca dije

AL AMOR

Hola, ¿qué tal?...

Sé que te he escrito muchas cartas, no recuerdo cuántas veces te he dedicado letras, pero esta vez es especial. He conocido lo hermoso que eres, también los errores habituales de quienes dicen tenerte. Te echo mucho de menos cuando estás mutando. Pues en ocasiones no entiendo que, a pesar de que nunca dejas de ser, existen cambios radicales que haces por nuestro bienestar. Gracias, pues eres humilde, sencillo, tierno, amable, honesto, tenaz, no te da miedo nada, eres increíble, extraordinario, siempre optimista. De ti surge la bondad, la misericordia, la templanza y la paz. Tenía miedo de perderte, ya que en algunos momentos el dolor me ha invadido y he arremetido contra ti, olvidando que me has liberado de muchas cárceles oscuras con toda tu luz. Si no es molestia, quería pedirte algunos favores. Me encantaría vivirte muy románticamente, sin las superficialidades y el "todo es relativo" de este tiempo. Quisiera que me visites, que me recuerdes a menudo y me transportes a ese valle que me hace ignorar algunos asuntos simples, porque eres simple.

Te prometo crecer en capacidad y caminar contigo a todas partes para que todos sepan quién eres, en caso de que aún no te conozcan. Les contaré que no tienen que buscarte, porque siempre llegas, sabes cómo y cuándo hacerlo. En tiempos perfectos. Llegas en forma de niño, de anciano, de hombre, de mascota. En forma de desvalido, para así manifestar lo que eres vestido de misericordia. Llegas como sanador y siempre dispuesto a darte sin medida. Creemos merecerte, lo sé, y muy pocos se comprometen con tu causa. Gracias por ayudarnos a ser mejores.

Yo diría que estar contigo, caminar contigo, es lo mejor que podemos experimentar; sé que lo sabes, pero te pido que jamás te vayas.

Preciados BALUARTES

Lo más importante es el amor y el tiempo;
lo único que jamás podrás poseer como un bien.

El amor es como un río, fluye sin importar qué.

El tiempo es un estado de este plano terrenal,
que transcurre y por nada ni nadie se detiene.

Sabes que amas a alguien porque le das tu tiempo.

No es importante lo que tienes, sino lo que eres.

Solo debes acumular y atesorar momentos, no riquezas.

Los momentos serán lo único que te llevarás,
y lo que realmente dejarás.

 El último domingo
DE AQUEL OCTUBRE

Qué importante es tener claro que el amor es imprescindible, aunque huyas o te escondas de él, siempre te alcanza.

Algunos aman más intensamente que otros, pero todos aman. Es nuestra naturaleza.

Si alguno se vuelve frío e inmutable, no significa que no ame; es solo alguien roto.

Que ama y ha amado tanto sin medida y conforme a lo que es, que ahora solo teme. Teme sentir los estragos de entregarse a otro ser imperfecto.

Ciertamente, hay que estar algo alocado para lanzarse al abismo del amor. Pero qué final.

Sí, es temeroso, pero de alguien así no se debe temer.

Teme de aquellos que buscan la perfección de manera incesante, esa que, si se encuentra, no será nada más que otra banal ambición.

El amor es perfecto, los humanos lo hacemos imperfecto.

Es de ahí que surge la magia.

Es una maravillosa e inexplicable paradoja.

MÁS HERMOSOS

(Zama) La realidad.

Mi serotonina.

"El dolor proviene de aquello que creemos necesitar, no es el hecho de que no está; es que lo quiero y no lo puedo tener".

"¿Qué tienes tú para dar?, ¿te lo has preguntado?".

Z. O. O.

(Mikita) La magia

Mi oxitocina.

"Mami, ¿sabes qué es lo más lindo de cuando hay días lluviosos? Que puedes ver mariposas en el suelo. Es como magia."

 M. O. O.

(Nanami) La risa.

Mi endorfina.

"¿Eres feliz? Eres feliz cuando estás sola... Te amo, Indhyra.
Intenta siempre ser feliz."

A. Z. R. A.

(Babi) La ternura.

Mi dopamina.

"Mom, te amo demasiado, lo sé porque lo siento, lo pienso y lo
siento en mi corazón."

J. A. O. O.

Y he allí las lecciones más grandes que he recibido en la vida...
provenientes de mis niños y su gran sabiduría; expresiones
valiosas que en muchos momentos me han dado total calma en los
días de caos.

Los amo, tesoros míos.

Aquellos

Aunque pudiera contarles —de la manera más triste— sucesos que marcaron mi vida de forma tal que jamás volví a ser la misma, hay que ser agradecido. Si algo he aprendido es que todos merecen una oportunidad. Y que quizás haya quienes nunca vuelvan a ser parte de nosotros, pero dejen algo que siempre que lo deseemos obrará a nuestro favor. Creí en la valentía de personas que no se cansaron de mostrarme sus miedos, tanto así que solo mostraron su inmensa cobardía y el terror que le tenían a la soledad. Creí en la palabra y el compromiso de quien vi mentir sin cesar. Creí en personas que dijeron que nunca se irían, que lucharían con el ímpetu con el que luchan los caballeros ante una batalla, cuyo único interés es obtener victoria, pero resultaron corruptos que vendieron todo por un algo, que al ojo parecía agradable, más sencillo, pero que simplemente resultó ser lo más rápido y accesible de obtener. Creí en el amor con locura, ese amor lleno de complicidad, lleno de carisma, de amistad, lleno de dependencia, y creí en el amor de quien no dudó en traicionarme en la primera oportunidad que tuvo. Me gustaría contarte que, a pesar de este mundo regido por una sociedad individualista, egoísta, egocentrista, narcisista y cruel —de la que todos tenemos aunque sea una pizca— puedo decir que sí creo. Creí, creo y seguiré creyendo en el amor y en la amistad, cual regalo del cielo.

$\mathcal{M}$e centro en su valor porque soy valiente. Porque reconozco que no es un baluarte que pueda encontrar a la vuelta de la esquina, aunque me encantaría. El mundo sería mucho mejor de ser así. Al ser un regalo invaluable, que quizá yo misma en algún momento no protegí de la manera correcta, me centro en las enseñanzas y me veo como lo que soy, una mujer amorosa.

$\mathcal{O}$bsequio, a quienes llegan a mi vida, lo que soy: **amor**. Porque sé que es el único elemento con la capacidad de limpiar el alma. Sé que es un don (o sea, un regalo) y una gran virtud. Sé que es un valor, que es la demostración más grande de respeto, valentía y, sobre todo, es un fruto que nace de todo lo puro y amable.

$\mathcal{R}$enacer, responsabilizarme y resplandecer ha sido un trabajo arduo, que no se detiene, sino que representa una labor del día a día, la cual atesoro y protejo con todo mi corazón. Pues la paz que he hallado en tal acto ha sido una que nunca nadie me dio, a no ser que fuera Dios. Ese ser, siendo el único que me ha entregado paz, también me entregó las llaves de mi felicidad y de las riendas de mi vida al permitir que ciertas cosas pasaran. A los que me traicionaron, solo puedo decir GRACIAS; una parte de mí vivirá eternamente agradecida, pues me dieron la salida hacia un mundo maravilloso. Lo valoro como un presente del cielo, porque pude encontrarme conmigo misma después de tanto tiempo de haberme abandonado y perdido. Renacer y regalarme la vida nuevamente ha sido el obsequio más hermoso que he tenido en los pasados años y debo pedirles que se den la oportunidad de ver los rechazos como nuevas oportunidades de vivir.

*"Porque en el camino nos perdemos,
pero qué lindo es el reencuentro".*

Ámate tanto que no necesites a nadie más que no sean tú,
y el TODOPODEROSO.

Viajar en el tiempo
ES POSIBLE

Gracias a estos días tan complejos, me he percatado de que mi amor y fascinación por el tiempo me tenían detenida. Suena confuso, ¿no? Pues sí, el afán de querer controlar tanto el tiempo me tenía estancada, sin saber que justo ese afán me hacía perderlo. Valioso tiempo que no tiene retorno. Por razones ajenas a mi voluntad, tuve que sumergirme en mucho silencio para poder escucharme a mí misma. Dura tarea. Cuando eres alguien que habla mucho, escribe mucho, piensa mucho, analiza mucho, en fin... Creo que ya entendieron, pues cuando eres alguien así, DUELE hacer todo lo contrario. Pero lo hice y me sumergí en el SILENCIO. Maravillosamente enriquecedor. No lo puedo describir de otra manera.

Por otra parte, aproveché el tiempo. Hice cosas especiales solo para mí. Enriquecí mi alma, mi espíritu y mi cuerpo. Tres elementos importantes que forman la persona que miras en el espejo todos los días, pero que si te enfocas en uno más que en otro creas un desbalance tan grande que podrías, por mucho tiempo, creer algo de ti que no es cierto (aunque ese es otro tema).

¡Fíjense que descubrí que la máquina de viajar en el tiempo existe! Y que todos la tenemos y la hemos tenido al alcance desde siempre. Y el afán, las distracciones, el trabajo y la distorsión de lo que hemos creído ha hecho que nos la robemos a nosotros mismos.

Sí, robemos, porque todas esas cosas son vitales para subsistir, mas no para vivir. Hemos distorsionado nuestra visión de la vida, del amor, de la amistad, de la lealtad, de nuestra humanidad y lo que representamos en el mundo natural, olvidando que somos tan frágiles como la flor de un campo, como la pluma de un avecilla. Somos seres muy frágiles en un Universo tan hermoso e infinito. Sin embargo, Dios nos llama "Corona de la creación".

Fuerza, delicadeza, hermosura, piedras preciosas, valor, realeza, representación de autoridad, son algunos adjetivos y sustantivos que pueden describir una corona.

Sabemos que hemos leído demasiadas cosas en estos días, sin embargo, la vida nos da oportunidad tras oportunidad, y simplemente no vemos más allá de cada una de ellas. Porque la distorsión en nuestra mente DOMADA es tanta, que creemos MERECER cada chance. Hay muchos que se han ido de este plano por un organismo de un 0,6 a 1 centímetro de tamaño, es espeluznante. Imagina lo frágiles que somos. Es para pensar, ¿no?

Pues es el descubrimiento de una joya invaluable. La máquina del tiempo que todos buscan... unos para ser más jóvenes, otros para reunirse con un ser amado del que no se pudieron despedir; otros para viajar a lugares existentes o inexistentes del pasado o del futuro; otros para ir al futuro a buscar soluciones que los hagan alguien de prestigio hoy, y así por distintas razones les cuento...

¡¡¡Que existe!!!

Se llama *HISTORIA*.

La máquina del tiempo tiene la capacidad de llevarte a lugares inimaginables, enriquecer tu mente, dar poder, porque el conocimiento es poder. Te da herramientas y claves para realizar hazañas que sean memorables para el futuro. Tiene un poder mágico que proporciona estima. AUTOESTIMA, pues por la historia de tus antepasados, puedes hacer de tu futuro uno más grato. Y por la historia de alguien más, puedes ser empático, amoroso, bondadoso y respetuoso, haciéndote un mejor ser humano.

Podría escribir muchas páginas sobre las infinitas riquezas que hay en este mundo maravilloso. Y que hemos sido llamados a disfrutar hoy, teniendo la OPORTUNIDAD de poder contar a nuestros sucesores las historias y vivencias.

Unos consejos:

Perdemos demasiado el tiempo, y somos caprichosos para luego querer recuperarlo. Valórenlo desde el inicio. Así no hay arrepentimiento después, y si lo hubiera, valoren la enseñanza. Amen el tiempo y ámenlo tanto que aprovechen cada segundo de él para crear hermosas historias. Háganse mejores seres humanos, honren la posición que tienen en el mundo y en la creación. Hoy miren el cielo, escuchen el cantar y la felicidad de las aves, sientan y escuchen la brisa, inhalen y exhalen. Si pueden hacerlo, den gracias. Están vivos y pueden HACER su propia máquina del tiempo: historia.

Dedicando este escrito, en especial, al triángulo de mi vida, mi mayor tesoro, mis hijos.

Finales que tienen
ALGO DE DESTINO

Te sentía tan mío que no fue difícil dejarme llevar hacia lo que parecía un abismo. Fue muy sencillo para ti, como si tuvieras las llaves de mi mente, allí donde se esconden mis más oscuros deseos. Tocaste la puerta cual vecino buscando apoyo en un mal momento. Y quién diría que la estancia permanecería por horas, por días, por semanas. No pude detenerme, fue como un vicio que creció rápidamente, uno que no pude evitar. Mientras más horas pasaban, más me adentraba en tu mente y tú en la mía. Allí conocí el éxtasis. ¿Cómo simples palabras tuvieron la capacidad de comprometerme en algo que parecía un abismo? Era un asunto inevitable, pues desde que sentí mi piel erizarse a causa de palabras tan sencillas, supe que ya no había marcha atrás.

Sabía que debía detenerme, pero ¿para qué?, si podía sentirme viva después de haber muerto por amor. Coincidimos en el espacio más transitado, el de los corazones rotos; aprendimos, lloramos, reímos, creyendo así que sería el final de un largo camino de dolor. Creamos un manual que nos serviría para "jamás" transitar por esos lugares tan áridos e incómodos que solemos llamar desamor. Quién diría que una simple conversación entre vecinos se convertiría en horas de aprendizaje, placer, crecimiento y amor.

Me enamoré... sí que lo hice. Soy una romántica que ama sentir. Que se pasea por el enamoramiento decidiendo si amar o solo vivir el instante. Pero me enamoré de su mente, de sus ideas, de la luz que irradiaba en medio de una oscuridad incesante. Sucumbiendo así a ese mal que algunos le llaman adicción. Podría ser una locura, pero ¡qué sería el mundo sin la existencia de algunos locos que lo llenan de colores! No quería dejarte ir jamás. Sabía que quería cerrar con llaves aquella puerta y que nunca te fueras. Siempre estuvimos muy cerca, a una pared y una puerta de distancia.

Pero todo pasa, todo acaba, todo se transforma. Para hallar lo que tiene el destino debería haber algunos finales. Los finales tienen algo de destino. Están subestimados, pero, ¿cómo llegaríamos al portal de la felicidad elegida, sin acabar de salir de algunos mundos tan macabros y dolorosos? Y fue allí cuando comprendí que, a pesar de sentirme parte de ti, solo fue una visita ante la desesperación. Te sentí mío mientras te hallabas en mi lugar sagrado, pero fue solo un instante que me mostró que la vida te puede cambiar inimaginablemente en setenta y dos horas.

El final solo tenía una enseñanza. Para llegar a mi destino he tenido que abrir la puerta y luego permitir que quien me visitó se vaya.

Pues quien quiera quedarse entrará
sin necesidad de nada, cerrará y pasará la llave.
Porque sentirá suyo mi lugar sagrado.

Gracias por enseñarme que:

"Con suavidad, calma y simpleza
las cosas se ven más bonitas".

Rosa y Naranja

Cuando el cielo es rosa y naranja
y veo caer el sol en la playa
solo pienso en ti
y la musa viene a mí.
Te has vuelto inspiración,
no hay motivo, no hay razón
solo pienso en el va y ven
de mis caricias en tu piel.

Ya no pienso en días grises
tú sellaste cicatrices
año definio lo que hiciste
me mostraste otros matices.
Es que vengo aquí hoy
sin el pasado darle hoy

Bailar dentro de ti
que tu aroma corra en mí.
Y no me importa el que dirán
¿Que saben ellos de amar?
Tú eres el único en mi vida
recuerda así ya nadie ama.

Si se marchan reemplazando
huyen cuando se está hundiendo el barco.
Ya no me importa lo que crean.
Tú y yo tenemos lo que ellos quieren

Eres el único en mi cama,
Recuerda así ya nadie ame.

Coro...

Ya no pienso en días grises
Tu sellaste cicatrices
No olvido lo que hiciste
Me mostraste otros matices.
Lo que viajo año luz
... al pasado ... darle luz.

Eres el único en mi cama
Recuerda así ya nadie ama.

Las cosas que nunca dije

Frases
QUE ME REPRESENTAN

"Tengo diversas pasiones, y todas las quiero experimentar, así podré decir que he vivido".

"No me encajones, (no necesito labels)".

"Ya ni sé".

"A veces culta y otras inculta".

"Soy una madre, soy una mujer, soy como Barbie, lo que yo quiera ser".

"Mi abuelita lo decía: lo que tú quieras no importa, lo que tú eres sí".

"¿Quieres? No son ganas de dar".
(Este no sé quién lo dijo, pero era de los dichos más utilizados por mi abuela).

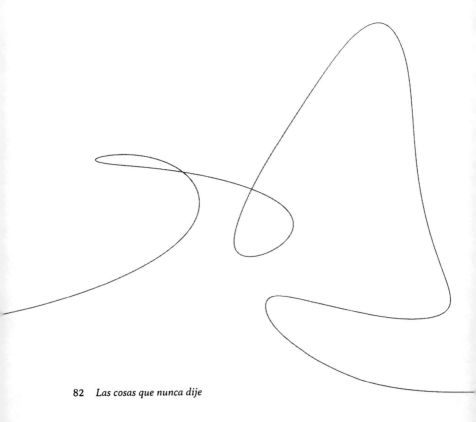

Las cosas que nunca dije

MUNDOS

Eran dos mundos completamente distintos.

El de ella, todo armonioso delicado y afable.

El de él, tenebroso, censurado y hostil.

Ella lo llevaba a la paz. Sin necesidad alguna de utilizar sus máscaras. Cuánta delicadeza había en sus palabras, en sus sentimientos, en su mano, detrás de ese aspecto rudo y enojado. Él tenía la capacidad de hacerla volar y con tan solo pronunciar una palabra, la llevaba al cielo y también le mostraba el abismo como si tuviera un poder sobrenatural.

Sus manos eran cálidas como puesta de sol, pero intensas como la fuerza de un león. Sabía tocar sin usar el tacto, solo con proferir palabras, ese era su don. Ella podía ver más allá de su rostro, podía entrar en su mirada... esa que nunca miente.

Juntos eran magos de amor, brujos de sensaciones; sabían volar sin alas.

No esperaban el final feliz, pero sabían que hay historias que, sin importar su rumbo, son historias eternas.

8:08

Nace de ti y de mí...

Del deseo inmenso de poder abrazarte.

De la amistad, del amor.

Condicionamos el amor, esperando recibir algo a cambio.

Sin saber que quererte como te quiero es uno de los sentimientos más sublimes que existen.

Esa magia hermosa de poder sentirte sin la necesidad de ser tocada.

El frenesí al que me llevas con solo pronunciar palabras.

Eres un éxtasis; eres fuego, yo soy agua.

Juntos somos un torbellino de pasión del que no quisiera escapar jamás.

El sueño de una noche se ha convertido en el deseo de mis días: tú.

pide en $\rightarrow$ 8:08   para Alhito

(Viendo)

Veo todo distinto
aprendí que no se debe juzgar,
quiero dejar de correr,
(y que) que el miedo ya no rija mi ser.
Porque aunque conmigo no te pueda tener,
De mi mente y mis adentros no podrás
            desaparecer.

Y hoy, a las ocho cero ocho
        decido escribirte una canción
Que (hoy que hable de nosotros)
    que hable sólo de nosotros.
        Y hoy (oh hoy), te confieso que te quiero
            Estás en mis desvelos,
        Volar ahora puedo contigo.
Sin importar lo que no diga el destino...
Quiero todo contigo, yo quiero, todo contigo

(coro) Me sentí el paradigma
    Esperando ver la vida
    Y fue respuestas que no espaba
    (Pero aún así) Tú ves todo lo que yo dibuja

(Analizar)

Eres cielo, eres fuego, eres oscuro deseo

Porque sabe a luz
Amo tu cuerpo
Amo tu mente
eres la esencia
que marcó un precedente
En mi vida

(lara lara, lara lara)

Corn. (Que puede ser)

Me senté en el paradigma
Esperando ver la vida
Y tuve respuestas que no esperaba
Aun así, eres todo lo que yo deseaba
Eres cielo eres fuego / oscuro deseo

La esencia que marcó un precedente
en mi vida.

Hace de lo que un día dices es NO
pero nos cuenta que puede ser sí.
Para el niño.

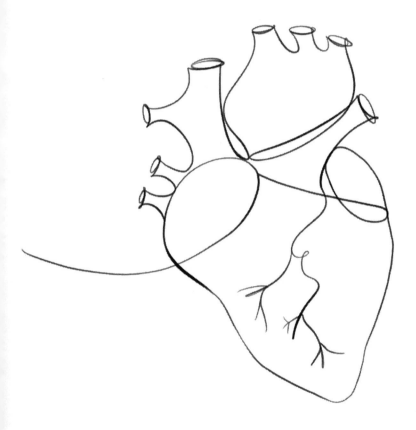

Las cosas que nunca dije

EL OSCURO DESEO

Fuego que no quema, falta de aire que no ahoga, ríos que recorren un cuerpo. Es un terremoto que nos destruye y construye.

El abismo en sus ojos, el cielo en su boca, así es él. Una fuerza que se desborda dentro de mí, llenándome de su aroma que dice claramente: eres mía... Es la marca del deseo. Ese que para algunos es oscuro, es prohibido, incluso es perverso.

Sí, es perverso. Perverso en su cabeza, pero con cuánta fuerza puede hacerme suya. Escribir su nombre en mis adentros es un poder que tiene y me lleva al clímax. Tomarme, beber de mi fuente, tocar mis sentidos con solo un roce y hacer de mí una noble y sumisa hada, capaz de cumplir sus más oscuros deseos, lo hace único en su especie. Haciendo conmigo un festín, presa fácil en su campo, el territorio de las fieras.

Somos libres. Somos dos locos que entienden su naturaleza salvaje y se rinden ante ella, pues estamos hechos de esperma y calor apasionado. Mordidas que no atraviesan el cuerpo, pero sí el alma; que bien podrían ser pasión o ser amor. Aunque al mundo le parezca un oscuro deseo.

Páginas para quemar
(O NO)

A partir de aquí, estarás soltando.

Escribe todo lo que sea necesario. Cada vez que te tomes un tiempo para escribir, recuerda que es una desintoxicación absoluta de todo lo que no te permite avanzar.

Hacerlo es amor propio, ternura y mucho autocuidado. Régalate el tiempo de pensar, de analizar qué quieres y qué ya no quieres para tu vida. Qué aceptarás en adelante y qué ya no le permitirás a nadie nunca más. Régalate la oportunidad de callar, de retirarte solo contigo para descubrirte sobre todas las cosas y amarte de verdad.

Estas próximas páginas son para desahogarte y soltar todo lo que debas dejar ir. Este es un espacio seguro, de amor para ti. Te invito a escribir sobre eso que jamás has dicho y te quebranta, eso que aún duele, eso que aún cuestionas.

Mi deseo es que tengas espacio para todo lo nuevo que obtendrás, a partir de esta nueva temporada de vida. También para las cosas que anhelas obtener y trabajar... De aquí en adelante serás tú contigo y nadie más.

Para culminar, si deseas usar estas últimas páginas para drenar, siéntete libre de recortarlas y quemarlas con todo lo que escribas allí. Este es un ritual muy mágico y sanador que nos ayuda a soltar de verdad.

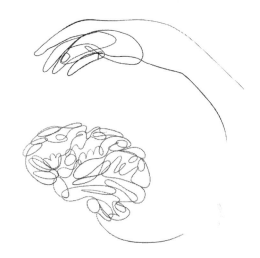

Balance

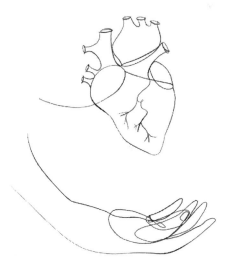

Balance

Balance

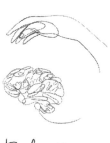

Balance

Balance

Balance

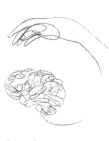

Balance

Balance

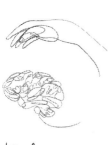

Balance

Balance

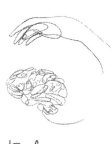

Balance

Balance

Este libro con hilos que nos conectan
se terminó de crear y diseñar en marzo de 2023.

Made in the USA
Middletown, DE
22 April 2023

28935931R00068